LE
SUFFRAGE UNIVERSEL

SON ORIGINE & SES CONSÉQUENCES

PAR UN ANCIEN MAITRE DES REQUÊTES

PARIS

E. DENTU, LIBRAIRE-ÉDITEUR

PALAIS-ROYAL, 15-17-19, GALERIE D'ORLÉANS

1880

LE
SUFFRAGE UNIVERSEL

SON ORIGINE & SES CONSÉQUENCES

PAR UN ANCIEN MAITRE DES REQUÊTES

PARIS

E. DENTU, LIBRAIRE-ÉDITEUR

PALAIS-ROYAL, 15-17-19, GALERIE D'ORLÉANS

1880

LE

SUFFRAGE UNIVERSEL

Le suffrage universel direct est aujourd'hui la base de nos institutions politiques. Pour être électeur, il suffit d'être Français, d'avoir vingt-un ans et six mois de domicile. La loi n'exige pas d'autres conditions, non-seulement pour la nomination des conseillers municipaux et des conseillers d'arrondissement et de département, mais même pour celle des députés. Aussi le nombre des électeurs se chiffre-il par millions. La France, à elle seule, compte trois fois plus d'électeurs politiques que l'Angleterre, l'Italie, la Belgique, la Hollande et l'Espagne réunies. Il est vrai que dans ces pays, soumis comme le nôtre au régime parlementaire, le droit électoral a été sagement limité par certaines conditions destinées à prévenir les dangers de sa trop grande diffusion.

On croit assez généralement que nos premières grandes assemblées politiques sont sorties du suffrage universel direct, tel qu'il fonctionne aujourd'hui. C'est une erreur, comme on le verra tout à l'heure. La Constitution de 1793, qui l'avait décrété, n'a jamais reçu d'exécution. Jusqu'en 1830, il était resté à l'état de théorie platonique ; quelques écrivains royalistes s'en emparèrent alors pour battre en brèche la monarchie élective. Il est devenu plus tard le pivot de la polémique du parti bonapartiste. C'est la révolution de Février qui a inauguré ce nouveau droit public en France. Le 23 février 1848, lorsque les baïonnettes intelligentes de la garde nationale barraient le passage à la troupe de ligne, aux cris mille fois répétés de : Vive la Réforme ! Joseph Prudhomme ne se doutait guère du genre de réforme qu'on allait lui octroyer le lendemain. On vit alors un groupe d'hommes sans mandat, escalader l'Hôtel-de-Ville à la faveur du désordre de la rue, pour y proclamer la République, se constituer en gouvernement provisoire aux yeux d'une population stupéfiée, et bientôt décréter de son autorité privée la mise en action du suffrage universel. C'était reculer d'un seul saut jusqu'en 1793, l'époque la plus néfaste de la Révolution. Dans ce groupe étrangement bigarré figurent deux avocats, un pamphlétaire, un courtier en marchandises, un obscur journaliste, un astronome, un ouvrier. Voilà les nouveaux souverains qui s'imposent à la France et qu'elle se résigne à subir. Tous auraient mérité de passer en jugement, pour rendre compte de cette audacieuse usurpation de la volonté nationale. Mais grâce à l'impunité dont on les laissa jouir, on devait voir vingt-deux ans plus tard, lors de la chute du second Empire, la même scène se reproduire et quelques députés, se donnant mandat à eux-mêmes, s'arroger, en présence de l'ennemi victorieux, une dictature qui ne fut qu'une aggravation de nos désastres et que M. E. de Girardin, M. Lanfrey et M. Thiers ont si bien qualifiée.

Je me suis proposé, dans ce petit écrit, de remonter à l'origine du suffrage universel et d'en apprécier les conséquences. La question a été souvent traitée et le sera encore par des écrivains plus compétents et plus autorisés ; je demande la permission d'en dire quelques mots, étant de ceux qui pensent, à tort ou à raison, qu'on ne saurait considérer la Constitution qui nous régit comme l'abrégé et en quelque sorte le dernier mot de la sagesse et de la science politiques.

Avant d'aborder cet examen, il me paraît à propos de passer en revue les transformations successives que nos différentes Constitutions ont fait subir à l'électorat politique depuis 1789. Cette revue rétrospective, qui mettra en lumière certains faits trop peu connus ou trop oubliés, peut avoir quelqu'intérêt pour les personnes peu familiarisées avec les théories de droit constitutionnel, et fournir quelques indications utiles, même à ceux de nos représentants qui pourraient ignorer ou ne pas avoir assez médité les conditions attachées à l'électorat politique sous les régimes précédents, non plus que celles auxquelles il est soumis dans les pays voisins. A mon sens, la République n'a de chances de s'établir d'une manière sérieuse et durable, qu'autant qu'elle s'appuiera sur les principes dont s'inspirèrent nos ancêtres de la première Constituante.

Nous allons donc esquisser rapidement les différentes Constitutions qui ont régi la France depuis 1789. Pour plus de clarté, nous diviserons cet examen en deux parties : la première, de 1789 à 1848; la seconde, de 1848 à nos jours.

PREMIÈRE PÉRIODE
1789-1848

1789. — ASSEMBLÉE CONSTITUANTE

Cette Assemblée, formée, comme l'on sait, de la réunion des trois ordres : clergé, noblesse, tiers-état, ouvrit ses séances le 27 juin 1789. Un règlement du Roi, du 24 janvier précédent, avait déterminé pour chaque ordre les conditions de l'élection. L'art. 25 de ce règlement disposait, en ce qui touche l'élection des députés du tiers-état, que les paroisses et les communautés, les bourgs, ainsi que les villes d'une population déterminée, se réuniraient dans le lieu ordinaire de leur assemblée, pour concourir à la rédaction des cahiers et à la nomination des députés ; qu'à cette assemblée auraient droit d'assister tous les habitants composant le tiers-état, nés Français ou naturalisés, âgés de vingt-cinq ans et compris au rôle des impositions. Le nombre des députés élus par le tiers-état fut de 620 ; par la noblesse, de 286 ; par le clergé, de 308 ; en tout, 1,214 membres. La période électorale dura quatre mois et s'accomplit sans troubles ni désordres. Le gouvernement, qui avait tout préparé et tout organisé, n'exerça aucune influence sur les choix ; on n'avait pas encore inventé la théorie des candidatures officie es. De ces élections sortit une Assemblée qui réunissait tout ce que la France comptait de plus illustre, soit par les talents et les lumières, soit par le rang et la naissance. Cette Assemblée, disait naguère M. Henry Martin à la tribune du Sénat, la première en date de nos Assemblées politiques modernes, est sans contredit la plus grande de toutes.

Toutefois, un an à peine s'était écoulé que la majorité se divisait, et que la minorité, sous la pression des agitateurs et des clubs de Paris, parvenait à dominer ses délibérations. Pourquoi faut-il que cette belle aurore de la Révolution française, saluée par les acclamations unanimes du pays, ait été sitôt obscurcie par de sombres nuages qui recélaient la foudre et les tempêtes dans lesquelles la liberté allait disparaître.

L'Assemblée constituante prit fin le 30 septembre 1791. Elle avait duré deux ans et deux mois. Avant de se séparer, et par un sentiment de délicatesse et de patriotisme assurément regrettable, elle avait décrété qu'aucun de ses membres ne serait rééligible à la prochaine Assemblée, qui fut l'Assemblée législative.

CONSTITUTION DE 1791

La Constitution de 1791, mûrement élaborée pendant les années 1789, 1790 et 1791, fixait à 745 le nombre des députés dont se composerait l'Assemblée législative. Ils devaient être nommés par des électeurs choisis eux-mêmes par les citoyens actifs composant les assemblées primaires des villes et des cantons : c'était, comme on le voit, le suffrage à deux degrés.

Pour être citoyen actif, il fallait :

Être âgé de vingt-cinq ans ;

Être inscrit, dans la municipalité de son domicile, au rôle des gardes nationales ;

Payer, dans un lieu quelconque du royaume, une contribution directe au moins égale à la valeur de trois journées de travail ;

N'être pas dans un état de domesticité, c'est-à-dire de serviteur à gages.

Pour être électeur, il fallait réunir aux conditions déjà nécessaires pour être citoyen actif, celles qui suivent, savoir :

Dans les villes au-dessus de 6,000 âmes, être propriétaire ou usufruitier d'un bien d'un revenu égal à la valeur locale de deux cents journées de travail, ou locataire d'une habitation évaluée à un revenu égal à la valeur de cent cinquante journées de travail.

Dans les villes au-dessous de 6,000 âmes, la cote du revenu exigé était abaissée, dans le premier cas, à cent cinquante journées de travail, dans le second à cent.

Dans les campagnes, il fallait être propriétaire ou usufruitier d'un bien évalué sur les rôles des impositions à un revenu égal à la valeur locale de cent cinquante journées de travail, ou être fermier ou métayer de biens évalués sur les mêmes rôles à quatre cents journées de travail.

A l'égard de ceux qui étaient en même temps propriétaires ou usufruitiers d'une part, et locataires, fermiers ou métayers de l'autre, leurs facultés à ces divers titres devaient être accumulées jusqu'au taux nécessaire pour établir leur éligibilité.

Le 21 septembre 1792, moins d'un an après sa réunion, l'Assemblée législative se séparait pour faire place à une nouvelle Assemblée, dite Convention nationale, dans laquelle reparurent un certain nombre de membres qui avaient déjà figuré dans l'Assemblée constituante, entre autres Grégoire, Robespierre, Buzot, Lanjuinais, La Revellière - Lépeaux, Rewbel, Thibaudeau, Sieyès, Thouret, Treilhard, etc.

1792. — CONVENTION

La Convention, comme l'Assemblée législative, fut élue d'après le système établi par l'Assemblée constituante, système dont la Constitution de 1795, à laquelle nous allons arriver, ne s'écarta pas sensiblement. C'était toujours le suffrage universel à deux degrés, auquel la Constitution de l'an VIII, comme on le verra bientôt, substituera le suffrage à trois degrés, d'après la théorie de Sieyès, l'un de ses principaux rédacteurs.

Disons d'abord un mot de la Constitution de 1793.

CONSTITUTION DE 1793

Cette Constitution, dont Saint-Just était le principal rédacteur, fut votée en juin 1793, au plus fort de la Terreur. Elle reconnaît comme électeurs et comme éligibles tous les Français âgés de vingt et un ans, ayant six mois de domicile ; elle dispose (art. 8, 9 et 10) que le peuple souverain nomme immédiatement ses députés ; qu'il délègue à des électeurs le choix des administrateurs, des arbitres publics, des juges criminels et de cassation ; qu'il délibère sur les lois ; que le mandat de député ne dure qu'un an ; ce qui établissait, en réalité, la permanence du suffrage universel et devait nous ramener aux beaux jours de ces républiques antiques, où les citoyens passaient leur vie à délibérer sur la place publique.

Voici le jugement porté sur cette Constitution par Boissy-d'Anglas, dans son rapport à la Convention sur le nouveau projet de Constitution :

« Cette Constitution (celle de 1793), méditée par
» des ambitieux, rédigée par des intrigants, dic-
» tée par la tyrannie et acceptée par la Terreur,
» n'est que la consécration formelle de tous les élé-
» ments de désordre, l'instrument préparé pour ser-
» vir l'avidité des hommes cupides, l'intérêt des
» hommes remuants, l'orgueil des ignorants et l'am-
» bition des usurpateurs ; en un mot, cette Constitu-
» tion n'est autre chose que l'organisation de l'a-
» narchie. »

La Constitution de 1793 ne fut pas appliquée, on

le sait, et resta à l'état de lettre morte. Toutefois, j'ai cru devoir en détacher, pour ce qui concerne l'électorat politique, la disposition principale qui a servi de base aux élections de 1848. En cela, comme à d'autres égards, les hommes de ce gouvernement provisoire ne surent s'inspirer que de la tradition jacobine, que nous voyons revivre aujourd'hui, comme je le montrerai bientôt.

CONSTITUTION DE 1795

Sous l'empire de cette Constitution, les représentants de la nation, répartis en deux conseils, — le Conseil des Anciens, composé de deux cent cinquante membres, et le conseil des Cinq-Cents — exerçaient le pouvoir législatif et nommaient un Directoire, composé de cinq membres, chargé du pouvoir exécutif.

Les conditions exigées pour l'élection des deux Conseils furent les mêmes que celles fixées par la Constitution de 1791.

Les assemblées primaires, composées de tous les citoyens domiciliés depuis un an au moins dans le même canton, âgés de vingt et un ans et payant une contribution directe foncière ou personnelle, nommaient des électeurs en nombre proportionnel à la population du canton, lesquels se réunissaient, à leur tour, pour élire les représentants de la nation.

Pour être électeur, il fallait :

Être citoyen français, domicilié depuis un an ;

Être âgé de vingt-cinq ans accomplis ;

Être propriétaire ou usufruitier, soit dans les villes, soit dans les campagnes, d'un bien évalué, aux rôles des contributions, à un revenu égal à celui fixé par la Constitution de 1791.

Il faut lire, au *Moniteur*, le grand et solennel débat qui s'engagea sur cette dernière disposition ; car on ne saurait trop remonter aux sources de notre droit public pour en tirer à la fois des enseignements et des exemples.

La Convention avait siégé trois ans et trente-cinq jours ; elle se sépara, le 26 octobre 1795, pour faire place au Directoire.

Après les journées des 18 et 19 Brumaire, trois consuls provisoires avaient remplacé les cinq directeurs et reçu, comme l'on disait alors, le pouvoir directorial. Bonaparte fut l'un de ces trois, et en réalité le seul gouvernant. Une commission, élue par les deux Conseils, fut chargée de préparer, de concert avec les trois consuls, des changements aux dispositions organiques de la Constitution de 1795 : de là sortit la Constitution du 22 frimaire an VIII.

CONSTITUTION DE L'AN VIII.

Cette Constitution organisait ainsi les pouvoirs publics :

Trois consuls nommés pour dix ans et indéfiniti-vement rééligibles ;

Un Sénat conservateur ;

Un Corps législatif composé de trois cents membres, âgés de trente ans au moins ;

Un Tribunat composé de cent membres, âgés de vingt-cinq ans au moins ;

Un Conseil d'Etat chargé de rédiger les projets de loi et les règlements d'administration publique.

Le Sénat devait comprendre quatre-vingts membres âgés de quarante ans, inamovibles et à vie, dont une partie nommés par les consuls, l'autre par le Sénat lui-même.

A l'égard des membres du Corps législatif et du Tribunat, c'est le Sénat qui était chargé de les désigner sur des listes à lui présentées, et qui devaient être formées de la manière suivante ; c'était la théorie de Sieyès :

Tous les citoyens âgés de vingt-un ans et domiciliés depuis un an devaient se réunir au chef-lieu de canton pour désigner par leurs suffrages, mais jusqu'à concurrence d'un dixième seulement, ceux d'entr'eux qu'ils croyaient les plus propres à gérer les affaires publiques.

D'après l'art. 8, les citoyens compris dans les listes communales d'un département désignent également un dixième d'entre eux; il en résulte une seconde liste, dite départementale, dans laquelle doivent être pris les fonctionnaires publics du département.

D'après l'art. 9, les citoyens portés dans la liste départementale désignent pareillement un dixième d'entre eux; il en résulte une troisième liste qui comprend les citoyens de ce département éligibles aux fonctions publiques nationales.

C'est, comme on le voit, le suffrage à trois degrés.

Aux termes des art. 19 et 20, toutes les listes faites dans les départements en vertu de l'art. 9 sont adressées au Sénat ; elles composent la liste nationale ; il élit dans cette liste les législateurs, les tribuns, les consuls, les juges de cassation et les commissaires à la comptabilité.

Un sénatus-consulte du 16 thermidor an X, en portant à cent vingt le nombre des sénateurs, conféra en même temps au Sénat le droit de dissoudre le Corps législatif et le Tribunat ; ce dernier corps fut supprimé en 1807.

Le même sénatus-consulte dispose, art. 25, que, pour parvenir à la formation des colléges électoraux de département, il serait dressé dans chaque département, une liste des six cents citoyens les plus imposés aux rôles des contributions foncière, mobilière et somptuaire, et au rôle des patentes, soit dans le domicile du département, soit dans les autres parties du territoire.

Bonaparte, nommé successivement consul pour dix ans et consul à vie, fut proclamé empereur des Français par le sénatus-consulte organique du 28 floréal an XII (18 mai 1804). Ce sénatus-consulte ne modifiait en rien les dispositions relatives aux colléges électoraux. L'art. 142 et dernier était ainsi conçu :

« La proposition suivante sera présentée à l'accep-

» tation du peuple dans les formes déterminées par
» l'arrêté du 20 floréal an X :

« Le peuple veut l'hérédité de la dignité impériale
» dans la descendance directe, naturelle, légitime
» et adoptive de Napoléon Bonaparte, et dans la des-
» cendance directe, naturelle et légitime de Joseph
» Bonaparte et de Louis Bonaparte, ainsi qu'il est
» réglé par le sénatus-consulte organique. »

Telle fut la disposition dont Napoléon crut devoir demander la sanction au vote de la nation. Sur 3,574,908 votants, le nombre des votes affirmatifs fut de 3,572,329, et celui des votes négatifs de 2,579.

CHARTE DE 1814

PREMIÈRE RESTAURATION

L'abdication de Fontainebleau (11 avril 1814) fut suivie de près de la rentrée des Bourbons et de la promulgation de la nouvelle Charte, datée de Saint-Ouen, le 27 mai 1814. Cette Charte conférait le pouvoir législatif :

1° A une Chambre des pairs nommés par le roi, héréditaires ou à vie, et sans limitation de nombre ;

2° A une Chambre des députés élus pour cinq ans, âgés de quarante ans au moins et payant 1.000 fr. de contributions directes. Leur nombre était fixé à deux cent soixante-deux.

Pour être électeur et concourir à la nomination des députés, il fallait être âgé de trente ans et payer 300 fr. de contributions directes.

La nouvelle Chambre se réunit le 4 juin; prorogée le 30 décembre suivant, elle dut se séparer à la suite de la folle et criminelle tentative de Napoléon, qui livra de nouveau la France aux exigences et aux ressentiments d'un ennemi victorieux.

LES CENT-JOURS (1)

Le 23 avril 1815, quelques jours après son retour de l'île d'Elbe, Napoléon fit publier le décret connu sous le nom d'Acte additionnel aux Constitutions de l'Empire.

Aux termes de ce décret, l'institution du Sénat était remplacée par celle d'une Chambre des pairs héréditaire, composée de cent vingt membres, dont l'empereur arrêta la liste.

Les colléges électoraux de département et d'arrondissement furent maintenus conformément au sénatus-consulte du 16 thermidor an X.

Par une disposition spéciale, il était dit que l'industrie et la propriété manufacturière auraient une représentation spéciale ; que l'élection des représentants commerciaux et manufacturiers serait faite par le collége électoral du département, sur une liste d'éligibles dressée par les Chambres de commerce et les Chambres consultatives réunies.

---

(1) M. de Mazade, dans la belle étude qu'il vient de consacrer à M. le comte de Serre, une des plus nobles figures de la Restauration, fait très-bien ressortir les conséquences, non moins funestes au pays qu'à la royauté, qu'entraîna le retour de Napoléon.

Le nombre des députés fut fixé à six cent vingt-neuf, dont vingt-trois devaient représenter le commerce et la haute industrie.

Ils devaient être âgés de vingt-cinq ans.

L'Acte additionnel fut soumis à l'acceptation des Français le 1ᵉʳ juin 1815; sur 1,477,557 votants, il y eut 1,472,557 oui et 4,000 non; le *Moniteur de Gand* ne manqua pas de faire remarquer que ce vote n'était pas assez considérable pour constituer une approbation nationale, attendu que le nombre des votants n'atteignait même pas le quart du nombre des citoyens consultés par le décret.

La nouvelle Chambre des députés, qui n'avait pas eu le temps d'élaborer un projet de Constitution, se sépara le 8 juillet 1815, après avoir consacré, dans une déclaration solennelle, les droits du peuple français.

DEUXIÈME RESTAURATION.

Le 14 juillet 1815 parut une ordonnance royale qui déclarait la Chambre des députés dissoute et convoquait, pour le 14 août, les colléges électoraux d'arrondissement; ceux de département devaient se réunir huit jours après; elle fixait à vingt-cinq ans l'âge des députés et à vingt-un ans celui des électeurs; elle portait à 400 le nombre des députés. Chaque collége électoral d'arrondissement devait élire un nombre de candidats égal au nombre des députés du département. Les colléges électoraux du département devaient choisir au moins la moitié des députés parmi ces candidats; les art. 16, 28, 35 et suivants devaient être soumis à la révision du pouvoir législatif dans la prochaine session des Chambres.

Les élections qui s'en suivirent amenèrent la Chambre de 1815, dite Chambre introuvable, dont l'ordonnance du 5 septembre 1816 prononça la dissolution; cette ordonnance maintint les dispositions essentielles de celle du 14 juillet, et réduisit de quatre cents à deux cent cinquante-sept le nombre des Députés.

Les dispositions de la Charte relatives à l'électorat et à l'éligibilité furent conservées par la loi du 5 février 1817, mais modifiées profondément par la loi du 29 juin 1820. Cette loi divisa les colléges électoraux en colléges de département et colléges d'arrondissement, et les députés, en députés de département et députés d'arrondissement. Le quart de tous les électeurs d'arrondissement, pris parmi les plus imposés, votait aux colléges de département ; ce quart votait encore dans les colléges d'arrondissement comme électeurs d'arrondissement. C'était ce qu'on appela le double vote, et en même temps une dérogation formelle à l'art. 40 de la Charte, qui établissait l'égalité des droits entre tous les électeurs payant 300 fr. d'impositions directes.

Enfin la loi du 9 juin 1824 vint apporter un nouveau changement à la législation électorale, en statuant que la Chambre des députés et toutes celles qui suivraient seraient renouvelées intégralement, et qu'elles auraient une durée de sept années, à compter du jour où aurait été rendue l'ordonnance de leur convocation, à moins qu'elles ne fussent dissoutes par le Roi.

CHARTE DE 1830.

Comme la Charte de 1814, dont elle reproduisit les dispositions essentielles, cette Charte conférait le pouvoir législatif :

1° A une Chambre des pairs nommés à vie par le Roi, et choisis dans certaines catégories, sans limitation de nombre;

2° A une Chambre des députés élus pour cinq ans, âgés de trente ans et payant au moins 500 fr. de contributions directes.

Pour être électeur, il fallait :

1° Etre âgé de vingt-cinq ans ;

2° Etre domicilié depuis six mois au moins dans le département;

3° Payer 200 fr. de contributions directes.

Le droit électoral était également conféré aux membres et correspondants de l'Institut, ainsi qu'aux officiers retraités des armées de terre et de mer, jouissant d'une pension de 1,200 fr. au moins, et payant 100 fr. de contributions directes. Des dispositions spéciales déterminaient comment devaient être comptées les contributions payées par les femmes veuves, les mineurs, les maisons de commerce, les fermiers ruraux, etc. (Art. 1 à 12 de la loi électorale, du 19 avril 1831.)

On avait proposé d'ajouter aux adjonctions portées dans l'art. 3 les membres des conseils généraux, les maires et adjoints des villes, les juges des cours et tribunaux, les professeurs des diverses facultés, les avocats, les notaires, les avoués, les médecins, etc. C'est ce qu'on appelait l'adjonction des capacités ; mais, sur la proposition de M. Mauguin, les juges des cours et tribunaux ayant été rejetés, toutes les autres classes furent également proscrites.

Telles sont les phases par lesquelles a passé l'électorat politique jusqu'en 1848 ; j'ai cru devoir placer sous les yeux du lecteur les textes de nos différentes constitutions qui s'y réfèrent, afin qu'il puisse s'en faire lui-même une idée nette et précise.

DEUXIÈME PÉRIODE

1848-1879

Un des premiers actes du Gouvernement provisoire fut de convoquer des assemblées électorales chargées d'élire les représentants du peuple à l'Assemblée nationale ; voici les dispositions principales du décret qui parut le 6 mars 1848 :

ART. 1er. Les assemblées électorales de canton sont convoquées au 9 avril prochain pour élire les représentants du peuple à l'Assemblée nationale qui doit décréter la Constitution.

ART. 2. L'élection aura pour base la population.

ART. 3. Le nombre total des représentants sera de neuf cents, y compris l'Algérie et les colonies françaises.

ART. 4. Le suffrage sera universel et direct.

ART. 6. Sont électeurs tous les Français âgés de vingt-un ans, et résidant dans la commune depuis six mois.

ART. 7. Sont éligibles tous les Français âgés de vingt-cinq ans, et non privés ni suspendus des droits civiques.

ART. 8. Le scrutin sera secret.

ART. 9. Tous les électeurs voteront au chef-lieu de canton par scrutin de liste.

C'est, comme on le voit, la législation électorale de 1793 remise en vigueur ; pour stimuler le zèle des populations, on envoie dans les départements des commissaires extraordinaires, munis d'argent et de pleins pouvoirs, qui devaient préparer des listes de candidats, parmi lesquels le Gouvernement provisoire se réservait de faire son choix (*Moniteur* du 26 mai 1850) ; du ministère de l'intérieur partent ces fameuses circulaires qui eurent tant de retentissement ; on réorganise partout les gardes nationales, et on y enrôle, à Paris, tous les individus âgés de vingt-un ans ; on élargit les prisonniers ; on dit au peuple que ses chaînes sont brisées ; et il plante partout des arbres de la liberté ; Paris est inondé de pamphlets, de caricatures et de journaux de toute espèce, le *Père Duchêne* en tête, qui, de là, se déversent sur la province ; on organise des ateliers nationaux ; Louis Blanc catéchise au Luxembourg ; dans tous les quartiers s'ouvrent des clubs où l'on voit défiler les figures et les doctrines les plus sinistres ; j'en appelle à cet égard au souvenir de mes contemporains ; c'est 1793 ressuscité, avec tous les ferments de guerre civile ; trois mois après, elle éclate et se termine par la défaite de l'insurrection, la retraite de Ledru-Rollin, et la présidence du général Cavaignac.

En même temps qu'il convoquait les collèges électoraux, le Gouvernement provisoire, pour parer à la crise financière qui saluait son avénement, adressait au pays la proclamation suivante, dont je me

borne à citer textuellement le premier paragra-
phe :

» Citoyens, le gouvernement qui vient de tomber
» conduisait systématiquement vers l'abîme les finances du pays, malgré les avertissements de ses
amis, de ses ennemis, des indifférents eux-mêmes ;
il puisait sans mesure dans toutes les sources de la
» fortune publique, etc., etc. »

Le roi Louis-Philippe dénoncé à la France comme
dilapidateur de la fortune publique ! Ici l'odieux le
dispute à l'absurde, et je demande s'il était possible
de se jouer avec plus d'impudence de la crédulité du
pays. Après avoir renversé la royauté, il fallait bien
essayer de la déshonorer (1). Que des hommes comme
Arago, comme Lamartine aient pu apposer leur si-
gnature au bas d'un pareil manifeste, l'on pourrait
s'en étonner, si l'on ne savait par expérience que,
dans les temps de révolution, les modérés, comme
nous ne le voyons que trop de nos jours, deviennent
forcément les complices et les instruments des violents qui les traînent à leur remorque.

---

(1) J'ai établi ailleurs que la dette publique consolidée, qui
est aujourd'hui de 748 millions, ne s'était accrue que de 22
millions pendant les dix-huit années du règne du roi Louis-
Philippe. Voici la part contributive des autres gouvernements : la Révolution et le Directoire, après la banqueroute,
40 millions ; le premier Empire (12 ans), 143 millions ; le gouvernement de la Restauration (15 ans), 23 millions ; la seconde
République (3 ans), 15 millions ; le second Empire et ses conséquences (18 ans), 505 millions. Ces chiffres peuvent se passer
de commentaire.

L'Assemblée, élue sous la pression violente du ministère de l'intérieur, au milieu de l'agitation socialiste qui eut pour dénoûment le 15 mai et les journées de Juin, prépara un nouveau projet de constitution qui fut promulgué le 10 novembre 1848, mais qui ne modifiait en rien les conditions de l'électoral et de l'éligibilité, telles qu'elles venaient d'être appliquées.

A l'Assemblée constituante succéda l'Assemblée législative, qui devait, aux termes de l'art. 27 de la Constitution, préparer une loi électorale nouvelle. Cette loi, votée le 15 mars 1849, n'apportait aucun changement essentiel au système électoral intronisé par le décret du 5 mars 1848, et se bornait à réglementer les conditions de la formation et de la révision des listes électorales. Toutefois, ce sytème offrait trop d'inconvénients et de dangers, l'alarme était trop vive dans le pays, pour que l'Assemblée ne prit pas en sérieuse considération différentes propositions qui lui furent soumises, tendantes à modifier la loi électorale, et qu'elle renvoya à l'examen d'une commission, dont M. Léon Faucher fut nommé le rapporteur.

« Parmi toutes les innovations, disait ce dernier,
» dont la France est redevable à ses différentes cons-
» titutions, il en est une que les esprits les plus har-
» dis n'avaient pas envisagée, et que les lois les plus
» larges n'avait pas consacrée avant notre époque : le
» suffrage universel et direct ne figure dans aucune
» des cinq ou six constitutions qui marquent les éta-
» pes de la Révolution française de 1791 à 1804. Au-

» cune de celles qui ont été mises en pratique n'ap-
» pelle tous les Français à élire leurs représentants
» sans intermédiaires et à prendre ainsi une part
» active à la direction de l'Etat. »

» Il ajoutait plus loin : « Quand on examine sans
» prévention l'économie de notre système élec-
» toral, on ne peut s'étonner que d'une seule chose :
» c'est que nos mœurs publiques aient résisté, dans
» le plus grand nombre des agglomérations urbaines
» ou rurales, à cette absence de règles, à cette indif-
» férence de la loi. Mais à chaque épreuve du suffrage
» universel ainsi entendu, la confusion est devenue
» plus manifeste et le péril plus grand. Chaque élec-
» tion a doublé les anxiétés de l'opinion publique. Il
» faut reconnaître dans les circonstances une de ces
» nécessités qui s'imposent à tous les esprits clair-
» voyants. De là les propositions dont vous a saisi
» l'initiative parlementaire ; de là surtout le projet
» de loi qui vous est soumis et dont vous nous aviez
» confié l'examen. »

C'est le 21 mai 1850 que s'ouvrirent les débats,
auxquels prirent part les orateurs les plus éminents
de l'Assemblée, MM. Berryer, de Montalembert,
Grévy, de Vatimesnil, M. Thiers notamment, qui
prononça à cette occasion un de ses plus beaux discours, chef-d'œuvre d'éloquence et de saine raison,
qu'il faut relire en entier et que nos législateurs ne
sauraient trop méditer. Je me bornerai à en trans-
crire quelques passages, ceux dans lesquels il définit
le suffrage universel tel qu'on doit l'entendre, dans

la véritable acception du mot, et où il établit la distinction, que ne doit jamais perdre de vue le législateur, entre le peuple, le vrai peuple, et cette multitude qui, dans les temps de trouble et sous tous les régimes, n'est jamais qu'un instrument de désordre entre les mains des factieux.

« C'est la multitude, disait-il, ce n'est pas le peuple que nous voulons exclure ; c'est cette multitude confuse de vagabonds dont on ne peut saisir ni le domicile, ni la famille, si remuants qu'on ne peut les saisir nulle part, qui n'ont pas su créer pour leur famille un asile appréciable, c'est cette multitude de vagabonds que la loi a eu pour but d'éloigner.

» Vous dites que nous ne sommes pas dans l'esprit de la Constitution parce qu'elle a dit le mot *universel;* c'est un triste jeu de mots, permettez-moi de vous le dire. Qu'est-ce que veut dire le mot universel ? Ou il prouve trop, ou il ne prouve rien. S'il prouve qu'il faut tout le monde, je vous demande pourquoi la Constitution, en réalité, ne fait voter que six millions d'individus ; car, sur les neuf millions dont vous admettez le chiffre, il y en a trois millions assez imbéciles pour ignorer que la loi les a fait souverains, ou assez abjects pour ne pas venir faire à la société le bien de voter comme ils l'entendent, comme ils le pensent. »

M. Thiers ajoutait, en réponse au reproche qu'on lui avait fait, de confondre le peuple avec la multitude : « Le peuple, le vrai peuple, celui que nous voulons appeler dans les comices, ce vrai peuple, il

souffre des crimes de ce que j'appelle la multitude.
Quand vous avez troublé le pays, sous prétexte de le
rendre heureux et de le faire marcher plus vite dans
la voie de la liberté, c'est ce vrai peuple, répandu
dans nos campagnes, qui souffre, qui travaille, qui
paie vos fautes, vous qui vous dites ses amis !

« Ce n'est pas le peuple, le vrai peuple qui incendie
les palais, égorge à Paris, verse le sang. »

M. de Vatimesnil disait à son tour :

« Comment ne voyez-vous pas que cet homme,
» à qui l'on présente des listes dressées par des
» comités qui se sont donné à eux-mêmes la mission
» de les rédiger, vous lui posez le plus difficile et le
» plus redoutable des problèmes ? Il faut qu'il fasse
» son choix enfin, et de ce choix, et de celui des
» personnes qui se trouvent dans la même position,
» dépend pourtant l'avenir du pays, son salut ou sa
» perte ; il faut qu'il le fasse d'une manière éclairée.
» Nos anciennes constitutions avaient tellement
» compris la difficulté de cette situation qu'elles
» avaient pensé que l'électeur ne pouvait pas voter
» directement ; l'homme du peuple, honnête et
» consciencieux, est parfaitement apte à choisir,
» mais à une condition, c'est qu'il connaisse les
» personnes qu'il choisit ; et alors elles avaient dit :
» Nous ne l'enverrons pas voter au chef-lieu du dé-
» partement, mais au chef-lieu du canton, dans une
» assemblée primaire ; là, dans cet horizon, qui est
» le sien, il choisira les hommes qu'il connaît, les
» hommes qu'il estime, les hommes qui ont sa con-

» fiance, et qui, ayant un peu plus de loisir que lui,
» ont un peu plus de connaissance des hommes et
» des choses, et il leur dira : Vous irez voter pour
» moi.

» Il y avait là une garantie ; eh bien, cette garan-
» tie nous échappe ; faudra-t-il que nous ne la rem-
» plaçions pas par une autre garantie dont l'effet
» serait analogue ? Faudra-t-il que, sous le poids
» d'un principe, la France périsse ?»

Ce fut à la suite de cette mémorable discussion que la loi électorale, dite loi du 31 mai 1850, fut votée par 433 voix contre 241.

En voici les dispositions principales : la liste électorale dans chaque commune devait comprendre :

1° Tous les Français âgés de vingt-un ans accomplis, jouissant de leurs droits civils et politiques, domiciliés dans la commune, et ayant leur domicile dans la commune ou dans le canton depuis trois ans au moins ;

2° Ceux qui, n'ayant pas atteint, lors de la formation de la liste, les conditions d'âge et de domicile, les auraient acquis avant la clôture définitive.

Le domicile électoral devait être constaté : 1° par l'inscription au rôle de la taxe personnelle ou par l'inscription personnelle au rôle de la prestation en nature pour les chemins vicinaux ; 2° par la déclaration des pères ou mères, beaux-pères ou belles-mères ou autres ascendants domiciliés depuis trois ans, en ce qui concerne les fils, gendres, petits-fils ou autres descendants majeurs non portés au rôle de la contribution personnelle ; 3° par la déclaration des maîtres ou patrons, en ce qui concerne les majeurs servant ou travaillant habituellement chez eux et demeurant dans la même maison.

Le scrutin de liste était maintenu, et nul ne pouvait être élu au premier tour de scrutin, s'il ne réunissait pas un nombre de voix égal au quart des électeurs inscrits sur la totalité des listes électorales du département.

Cette loi si sagement conçue, et qui répondait si bien à l'attente et aux nécessités du pays, ne devait pas recevoir d'exécution. Le prince Louis-Napoléon Bonaparte avait été élu président de la République le 10 décembre 1848, en remplacement du général Cavaignac ; il n'avait brigué et accepté ces fonctions qu'avec l'intention bien arrêtée de s'en faire un marche-pied pour arriver à l'empire, objet de ses convoitises secrètes ; esprit chimérique, infatué de lui jusqu'à croire qu'il avait hérité du génie comme du nom de son oncle, sans scrupule, et affilié de bonne heure aux carbonari d'Italie, dont il se fit le docile instrument, il devait plus tard aller mourir à l'étranger, où s'était écoulée la plus grande partie de sa vie, laissant son épée aux mains des Prussiens, et la France démantelée et couverte de sang et de ruines.

C'est le 2 décembre 1851 qu'éclata le coup d'État préparé de longue main, et qui eut pour prélude la dispersion de l'Assemblée législative, et l'arrestation ou l'exil de ses principaux membres. Le même jour parut un premier décret, accompagné d'une procla-

mation au peuple français, qui prononçait la dissolution de l'Assemblée, et abrogeait la loi du 31 mai.

Un autre décret était ainsi conçu : « Le peuple
» français est solennellement convoqué dans ses co-
» mices, le 14 décembre présent mois, pour accepter
» ou rejeter le plébiscite suivant :

» Le peuple français veut le maintien de l'auto-
» rité de Louis-Napoléon Bonaparte et lui délègue
» les pouvoirs nécessaires pour faire une constitution
» sur les bases proposées dans sa proclamation du
» 2 décembre ; sont appelés à voter tous les Français
» âgés de vingt-un ans jouissant de leurs droits
» civils et politiques. »

Le résultat du plébiscite fut de 7,439,000 votes
affirmatifs, et 640,000 votes négatifs.

La nouvelle constitution que Louis-Napoléon Bonaparte venait ainsi de filouter, suivant l'expression
de M. E. de Girardin, ne se fit pas attendre ; édictée
le 14 janvier suivant, elle confiait au prince-prési-
dent le gouvernement de la République pour dix
ans. La puissance législative s'exerçait par le Sénat
et le Corps législatif, conjointement avec le président
de la République, qui avait seul l'initiative des lois
et le droit de nommer les sénateurs. Les attributions
de ceux-ci, singulièrement agrandies et presqu'iden-
tiques à celles du Sénat de l'an VIII, ne laissaient au
Corps législatif qu'un rôle tout à fait subalterne ; par
un décret organique du 21 février suivant, le nombre
des députés au Corps législatif fut fixé à 261, à raison d'un député par circonscription de 35,000 âmes ;

l'Algérie et les colonies n'en nommaient pas. Le
scrutin de liste était aboli et le suffrage universel e
direct rétabli, sans condition de cens ; il suffisait
pour être électeur, de vingt-un ans d'âge et de six moi
de domicile ; et, pour être éligible, d'être électeur e
âgé de vingt-cinq ans Le 22 janvier furent rendu
les décrets relatifs aux biens de la maison d'Or
léans (1), et, le 2 décembre suivant, Louis-Napoléoi
Bonaparte était proclamé empereur des Français
avec hérédité dans sa descendance directe.

Cet historique rapide du suffrage universel nou
conduit naturellement à l'examiner en lui-même
et dans son fonctionnement. Quand un principe es
posé dans la législation politique, il est bon d'ei
suivre les développements et de connaître l'applica
tion qu'il reçoit dans la pratique. Or, l'électorat es
non-seulement un droit, mais encore une fonction
Toute fonction suppose dans celui qui en est invest

---

(1) La valeur des biens confisqués sur le roi Louis-Philipp
par suite du décret du 22 janvier, assez plaisamment qualifi
de premier vol de l'aigle, ne dépassait pas 80 millions d'aprè
les chiffres officiels soumis à l'Assemblée nationale par le m
nistre des finances. Mais ils étaient grevés de 35 millions d
dettes pour l'acquit desquelles il fallut recourir à des aliénatio
pour une somme équivalente. Il est resté un actif libre de
millions, consistant surtout en forêts, domaines et châteaux d'u
revenu net d'environ 1,200,000 fr., qui ont été restitués en 18
aux héritiers du feu roi, représenté par huit branches d'hé
tiers. Or, n'a-t-on pas dit et imprimé et me répète-t-on pas enco
aujourd'hui que les princes de la maison d'Orléans, au len
main de nos désastres, se sont fait allouer une indemnité
espèces de 40 millions qu'ils auraient soutirée des caisses
l'État ? Voilà la justice des partis !

discernement et l'aptitude nécessaires pour la bien
mplir. S'il ne les possède pas, il ne pourra pas
acquitter de cette fonction, ou s'en acquittera mal.
e là, dommage pour la chose publique. Examinons
s trois cas où s'exerce le droit électoral, à savoir,
ans les élections municipales, dans celles des con-
eillers d'arrondissement ou de département, dans
elles des députés.

Et d'abord les élections municipales. Il n'est per-
onne qui n'ait pas vu, ou qui ne sache comment les
hoses s'y passent ordinairement. Chaque électeur y
rrive en général avec de bonnes intentions; mais
es bonnes intentions se trouvent bientôt aux prises
vec les petites passions locales, les coteries qui se
orment pour ou contre celui-ci, les hâbleries des
rateurs de cabaret, qui exploitent adroitement la
rédulité et la défiance naturelles au paysan. Le vin
ue surtout un grand rôle dans ces assises de la com-
une; celui qui paye est volontiers écouté, et arrive
ouvent à triompher des scrupules des timorés ou
es indécis. Les choix doivent forcément s'en ressen-
ir, et ce ne sont pas toujours les plus probes, les
lus intelligents, les meilleurs enfin qui sont appelés
représenter la commune et à gérer ses intérêts. Du
hoix des conseillers municipaux dépend naturelle-
ent celui du maire et de l'adjoint. Tel conseiller
unicipal, tel maire.

Pour les élections des conseillers d'arrondissement
t de département, les choses se passent à peu près de
ême, avec cette différence, toutefois, que l'électeur,

lorsqu'il s'agissait de choisir les conseillers municipaux, se trouvait en présence de voisins, de parents e
d'amis sur le compte desquels il était personnelle
ment édifié. En est-il de même lorsqu'il s'agit de con
seillers d'arrondissement ou de département? Si
comme cela arrive le plus souvent, il ne connaît pa
les candidats, il faut de toute nécessité, pour qu'i
puisse apprécier le mérite de chacun, et se prononce
en connaissance de cause, qu'il se renseigne auprè
des autres électeurs. On voit alors se reproduire le
mêmes influences, les mêmes pratiques que dans le
élections municipales. C'est bien autre chose si l
question locale, comme cela n'arrive que trop souvent
vient se compliquer de la question politique, qu
tend à se fourrer partout, et met aux prises le bleu
le blanc et le rouge. De ce conflit de passions di
verses, d'animosités locales et politiques, avivées pa
le cabaret, sont-ce toujours les candidatures les plu
utiles et les plus honorables qui sortent victorieuse
de l'urne du scrutin?

Arrive le moment où l'on demande à ce mêm
électeur, souvent inhabile à choisir un conseiller d
département, qui quelquefois même n'aura pas s
choisir un conseiller municipal ou un maire, d'éli
un député. Il sait vaguement que le député a missio
de représenter les intérêts de l'arrondissement ou d
département. Mais le plus grand nombre se rend-il bie
compte de l'importance du mandat qu'il va confér
et du rôle que la Constitution assigne à son mand
taire? Comprend-il bien que les députés tienne

dans leurs mains les intérêts les plus chers et souvent
même les destinées du pays? Parmi les électeurs
combien ne savent ni lire, ni écrire? Combien, dans
les choses les plus usuelles de la vie, sont le jouet de
leur ignorance et de leur crédulité? Combien n'ont
qu'une existence nomade et aventureuse? Combien
d'hommes tarés de toute condition? « Il ne faut
» pas, disait l'an dernier, M. Le Royer, à la tribune
» du Sénat, regarder de trop près à tous les registres
» électoraux; car on y trouverait en haut, en bas et
» au milieu des hommes qui ne sont guère dignes d'y
» être inscrits. »

Je n'ai point à retracer ici le tableau de nos élections politiques. On sait assez, sans qu'il soit nécessaire de m'y arrêter, toutes les pratiques et toutes
les manœuvres auxquelles ont recours les candidats et
leurs émissaires pour surprendre, égarer ou fanati-
ser la masse inerte et flottante du corps électoral. On
sait surtout le rôle que joue maintenant l'argent dans
toutes les élections, dont quelques-unes, que je pour-
rais citer, ont coûté des sommes considérables. Il n'en
n'est pas une dont le candidat ait pu se tirer à
moins d'une vingtaine de mille francs. Ne faut-il pas
se procurer le patronage des journaux? en fonder
un, s'il n'en existe pas? Avoir à sa solde des agents
et des distributeurs de bulletins dans chaque canton
et dans chaque commune; s'y transporter de sa personne; payer les imprimés, circulaires, notes d'au-
bergistes, frais et faux frais de toute nature que tout
cela occasionne? Je sais bien que, lorsque le can-

didat n'est pas assez riche pour y subvenir, c'est l
caisse du parti qui en fait les frais. Mais il en résult
clairement ceci : c'est que, désormais, l'accès de l
représentation nationale est interdit à tout citoyer
quels que soient, d'ailleurs, son mérite et ses talent:
trop peu fortuné pour faire les frais d'une candidature
trop indépendant et trop fier pour se mettre à l
solde d'un parti. Combien voit-on d'hommes honc
rables et d'un mérite incontesté, pour lesquels l
question d'argent ne serait rien, qui pourraient ut
lement pour le pays se présenter dans la lic
électorale, et qui préfèrent y renoncer, plutôt qu
de combattre avec de pareilles armes et recour
à de semblables manœuvres.

Par contre, il est certain qu'un système élector
de ce genre est bien fait pour encourager les amb
tions les plus malsaines et les moins justifiées. Con
bien, parmi tous les candidats au fauteuil de députe
en compte-t-on qui présentent les conditions de me
ralité, d'instruction et d'indépendance qu'exigent le
fonctions de législateur? Il y en a certainemen
mais, pour le plus grand nombre, on peut hardimer
les juger rien que sur leurs professions de foi, chet
d'œuvre de hâblerie et d'hypocrisie où ils se pose:
comme étant les seuls amis et défenseurs du peupl
lui prodiguant à l'envi les plus belles promesse
qu'ils savent bien ne pas pouvoir tenir, flattant s
convoitises, sans crainte de faire appel à ses plt
mauvais instincts, dût cet appel se traduire plt
tard en coups de fusil. Peu leur importe, pourv

qu'ils arrivent au but suprême de leurs efforts. Au demeurant, ces prétendus démocrates, comme le disait Proudhon, en les flagellant d'une épithète qui restera, ne se soucient pas plus du peuple que du pays, et ne flattent l'un que pour accaparer l'autre.

L'accaparement, voilà le but. Si pour quelques candidats, la députation est surtout une satisfaction d'amour-propre et d'ambition avouable, il en est d'autres, et c'est le plus grand nombre, qui lui demandent une satisfaction plus substantielle, et cela parce que leur intérêt personnel leur en fait une loi, et qu'avant tout, il faut vivre. Comptez en effet combien, parmi les courtisans de la souveraineté populaire, il se trouve d'obscurs avocats qui végétaient au fond de leur province, de médecins sans clientèle, de journalistes sans emploi, de pharmaciens, de vété_ rinaires, de fruits secs de toute condition, de gens déclassés qui, après avoir dissipé leur pécule ou leur patrimoine, ne se sentent nullement disposés à les reconstituer en suivant les sentiers battus du travail, de l'ordre, de l'économie, incapables de se contenter d'une existence modeste, et surexcités par de violents appétits. Voilà l'origine et le secret de bien des candidatures ; avec cela, de l'audace, encore de l'audace et toujours de l'audace, comme le disait Danton, et par la grâce du suffrage universel, on parvient, un peu plus tôt, un peu plus tard, à se hisser sur les bancs de la législature.

Indépendamment de l'émolument de la fonction, il y a aussi l'appât des places et des emplois ; il faut

bien caser soi et les siens et récompenser le zèle de
coopérateurs qu'on s'est adjoint dans sa candida
ture. Aussi qu'avons-nous vu après les élections? De
places! Des places! Jamais plus formidable cri n'
retenti sous les voûtes du Parlement; l'édifice en
tremblé jusque sur sa base. A aucune époque de notr
histoire, peut-être, on ne vit hécatombe pareille d
fonctionnaires de tout rang. Obsédés, circonvenus d
toutes parts, les ministres se trouvent impuissants
contenir la meute affamée des solliciteurs. Pour sa
tisfaire tous les appétits, on réorganise les ministères
on crée des fonctions nouvelles, on augmente le
traitements (1); du haut en bas de l'échelle adminis
trative, ce ne sont que révocations et mises à la re
traite qui n'épargnent même pas les institutions d
bienfaisance et de charité; dans l'argot jacobin, cel
s'appelle *épurer*. La délation marche à front décou
vert: tel est clérical, tel autre réactionnaire, celui
ci républicain du lendemain seulement; on v
fouiller jusqu'au fond des consciences; chacun s
sent menacé sous ce régime de terreur si cher au
démagogues. Ni le mérite, ni les services rendus n
sont comptés au malheureux fonctionnaire évincé
souvent sans égard pour une situation personnell

---

(1) Depuis 1870, les sommes affectées au traitement du pe
sonnel administratif se sont accrues de plus de soixante mi
lions, par année. Que penser maintenant du puritarisme d
ces radicaux, aujourd'hui si grassement pourvus, rentés
dotés, qui, dans leur opposition aux régimes précédents, s'él
vaient en protestations indignées contre le népotisme et se
gros traitements.

digne d'intérêt. On ne demande pas à celui qui le remplace s'il a l'aptitude et réunit les conditions voulues pour l'emploi. Il suffit qu'il soit patronné par telle ou telle influence et qu'il se dise républicain de la veille ; cela suffit, le reste importe peu. En un mot, les places se distribuent comme se partage le butin d'une ville emportée d'assaut. Naturellement, dans ce partage, les gros bonnets se sont adjugé les meilleurs lots : il fait beau les voir se draper dans leur morgue et leur insuffisance. Comme ils tiennent les cordons de la bourse, ils en usent largement, sans souci du contribuable ni des lourdes charges accumulées sur lui depuis la guerre et l'invasion. Bien plus, le népotisme, tant reproché aux monarchies et que l'on nous disait être incompatible avec l'austérité du régime républicain, s'affiche sans vergogne et reçoit la consécration la plus officielle ; tel est l'édifiant spectacle auquel il nous est donné d'assister, en l'an 88 de la République française, une et indivisible.

Qu'on ne s'étonne plus maintenant si les élus du suffrage universel se cramponnent avec autant d'énergie à leur mandat, ceux-là surtout, et c'est le plus grand nombre, qui vivent de leur opinion ; vous les distinguerez toujours au premier rang des ardents et des violents ; comme ils n'ont rien à risquer ni à perdre dans la bagarre révolutionnaire, ils poussent volontiers aux mesures les plus extrêmes, dûssent-elles mettre en péril les institutions sociales elles-mêmes ; le jacobinisme n'en a nul souci et en ferait volontiers table rase, pourvu qu'il continue à émarger au budget. Il y a là une certaine analogie avec ce qui se passe aux États-Unis d'Amérique, où bien des gens ne considèrent la législature que comme une carrière qui leur permet de faire, non-seulement les affaires du pays, mais encore et surtout leur affaires propres. Aussi les hommes politiques, que l'on y désigne sous le nom de politiciens, n'y jouissent que d'une médiocre considération ; ce serait certainement faire offense à un gentleman que de lui demander s'il est politicien ou s'il aspire à le devenir.

Je n'ai pas longtemps à m'arrêter sur le Sénat. D'après le principe admis jusqu'alors en France, comme dans les autres États constitutionnels de l'Europe, le Sénat devrait être une sorte d'aréopage, de grand conseil, où seraient appelées toutes les illustrations que compte la France dans l'armée, la magistrature, le clergé, la diplomatie, l'Institut, le commerce, la haute industrie, et, pour tout dire, la récompense des services les plus éclatants rendus au pays. Est-ce bien là l'image du Sénat actuel ? Dans la pensée des auteurs de la Constitution de 1875, le Sénat devait servir de modérateur et de contrepoids à l'élément démocratique, et représenter surtout l'élément conservateur. Le représente-t-il bien en réalité ? On sait comment dès son début, et lors de la nomination des soixante-quinze sénateurs inamovibles, l'institution a été faussée dans son essence même, par la coalisation monstrueuse des partis les plus extrêmes. La nomination des autres sénateurs appartient au suffrage universel, qui n'est limité dans son choix ni par des conditions d'éligibilité, ni par des catégories analogues à celles établies par la Charte de 1830, et admises par la législation des pays constitutionnels voisins. On m'objectera peut-être que ce n'est plus le suffrage universel direct qui est cette fois en jeu, mais le suffrage universel à différents degrés. Il n'en est pas moins vrai que les résultats n'en sont pas sensiblement différents, comme l'ont bien prouvé les dernières élections sénatoriales, où la candidature officielle s'est affichée hautement, et où les préfets de MM. de Marcère et Lepère, tous triés sur le volet, ont si vigoureusement mené la campagne électorale. On peut mesurer par là en quel degré d'estime le radicalisme tient le suffrage universel, dont il ne se gêne pas, du reste, pour casser les arrêts lorsqu'ils lui déplaisent. Il l'a bien prouvé en invalidant, fait inouï dans nos annales parlementaires, un groupe considérable de députés, sous prétexte d'ingérence ministérielle dans les élections, mais en réalité, et par cet unique motif que ces députés professaient des opinions contraires aux siennes. Rendons toutefois cette justice à nos radicaux qu'ils ne sont pas allés aussi loin dans cette voie que leurs devanciers de la Convention et du Directoire, qui, pour fermer la bouche aux députés constitutionnels et royalistes, les cléricaux d'alors, ne trouvaient rien de mieux que de les emprisonner et de les déporter. Je ne sais si nous sommes appelés à voir le retour de semblables exécutions, dont le souvenir n'a pas été perdu pour l'homme du 2 Décembre; je n'en répondrais pas; pour le moment, nous n'en sommes encore qu'à la Terreur au petit pied, qui, d'un bout de la France à l'autre, se dresse menaçante sur la tête des fonctionnaires et des employés de tout rang et de tout grade, comme on le verra tout à l'heure.

Nous venons d'envisager le suffrage universel dans son principe, et dans l'application qu'il reçoit en France. Recherchons maintenant quelles sont les conditions attachées à l'électorat politique dans les principaux États de l'Europe en possession, comme nous, du régime parlementaire. Ce rapprochement nous offrira des points de comparaison qui ne sont pas sans intérêt.

ITALIE

L'organisation politique de l'Italie se rapproche beaucoup de celle qui existait en France sous la monarchie de Juillet.

La Chambre des députés se compose de cinq cents membres environ élus pour cinq ans, et âgés de trente ans au moins. Ils ne touchent aucun traitement, et jouissent seulement du parcours gratuit sur tous les chemins de fer.

Le corps électoral qui les nomme comprend tous les

citoyens âgés de vingt-cinq ans et inscrits au rôle des contributions pour une somme de 40 fr.; tout électeur est éligible.

Il est bien question d'une nouvelle loi électorale qui abaisserait le cens à 20 fr., l'âge des électeurs à vingt-un ans et substituerait le scrutin de liste au scrutin d'arrondissement. Cette loi, que réclament seulement les opinions avancées, ne doit pas venir de sitôt en discussion, mais seulement après que la question de mouture, qui est comme la pierre d'achoppement de tous les ministères, aura reçu enfin une solution.

Les sénateurs, dont le nombre n'est pas limité, sont nommés à vie par le roi, qui doit les choisir dans certaines catégories comprenant toutes les illustrations que compte le pays dans le clergé, l'armée, la magistrature, la haute noblesse, la grande propriété, les célébrités de la science, de la littérature et même des arts, puisque le maëstro Verdi est sénateur.

Il est à remarquer que le Sénat jouit, en ce qui concerne les nominations de sénateurs, d'un privilége qui n'existe dans aucune autre Constitution européenne, celui du droit de veto, et qu'il peut refuser l'investiture à un membre nommé par le pouvoir exécutif dont les titres lui paraîtraient insuffisants.

HOLLANDE

En Hollande, le Parlement se compose d'un Sénat, et d'une Chambre des représentants.

Les sénateurs, au nombre de trente-neuf, sont choisis par le roi dans certaines catégories de notabilités, et sous la condition d'un cens assez élevé de contributions. Ils sont nommés pour neuf ans et doivent être âgés de trente ans. Ils ne jouissent d'aucun traitement, et n'ont droit qu'à une simple indemnité de déplacement.

Les représentants au nombre de cinquante-huit, soit un représentant par circonscription de 45,000 habitants, sont nommés pour quatre ans et doivent, comme les sénateurs, justifier d'un cens de contributions assez élevé. Il leur est alloué un traitement annuel de 2.000 florins.

Sont appelés à élire les représentants et aussi les membres des Etats provinciaux, tous les citoyens âgés de vingt-trois ans au moins, domiciliés depuis plus d'un an dans leur commune et justifiant qu'ils sont inscrits aux rôles des contributions pour une somme qui, n'est pas moindre de 20 florins dans les campagnes, et qui, dans les villes, varie de 20 à 120 florins, suivant l'importance de la population.

BELGIQUE

En Belgique, la loi électorale comprend trois catégories d'électeurs :

1° Les électeurs généraux, ayant droit de nommer les sénateurs et les députés ;

2° Les électeurs provinciaux, ayant droit de nommer les membres des assemblées provinciales, dont les attributions sont assez analogues, quoique plus étendues, à celles de nos conseils généraux de département ;

3° Les électeurs communaux, ayant droit d'élire les conseillers municipaux, parmi lesquels le roi choisit les bourgmestres et les échevins.

L'âge requis pour les trois catégories d'électeurs est de vingt-un ans.

Pour la première, il faut payer en contributions directes et patentes 42 fr., pour la seconde 20 fr., pour la troisième 10 fr. Les centimes additionnels perçus sur les contributions directes au profit des provinces ou des communes ne sont point comptés pour former le cens électoral ; le cens est requis non-seulement pour l'année de l'inscription sur la liste électorale, mais encore pour l'année antérieure, ce qui équivaut à l'obligation du domicile pour deux ans au moins.

Pour les élections provinciales et communales, la veuve payant le cens peut le déléguer à son fils, ou à son gendre ; pour les élections communales, le tiers de la contribution foncière d'un domaine rural est compté au fermier qui l'exploite.

L'âge de l'éligibilité est fixé à vingt-cinq ans ; tout électeur est éligible, si ce n'est toutefois pour les fonctions de sénateur, à l'égard desquelles la loi exige quarante ans d'âge et un paiement en Belgique de 2,100 fr. au minimum d'impositions directes.

La Belgique compte soixante-deux sénateurs et cent vingt-quatre députés.

ESPAGNE

En Espagne aussi le suffrage universel avait été proclamé à la suite de la révolution de 1869, comme il l'avait été chez nous, en Février 1848 ; car les révolutionnaires de tous pays ne procèdent pas autrement. C'est tout d'abord un appel fait aux passions désordonnées de la multitude contre la société, un instant surprise et désarmée ; puis la main mise sur les commandements, les charges, les emplois. Que demain, par exemple, une révolution vienne à éclater en Italie, et l'on peut être assuré que le suffrage universel y sera immédiatement proclamé par une poignée de factieux, qui commenceront par se ruer sur tous les emplois militaires et civils, et surtout financiers. Il faut croire, toutefois, que l'Espagne n'a pas eu précisément à se louer de ce régime, puisque la loi électorale nouvelle, du 28 décembre 1878, y a mis fin, en lui substituant l'ancien système, celui du suffrage restreint. C'est M. Canovas del Castillo, un des hommes d'Etat les plus éminents de l'Europe, qui a eu l'initiative de cette importante réforme, sans laquelle il ne voyait pas de gouvernement régulier et stable pour son pays.

D'après la loi nouvelle, tout Espagnol âgé de vingt-cinq ans est électeur, s'il est contribuable dans son district ou partout ailleurs pour une cote annuelle de 25 pesetas de contribution territoriale ou de 50 pesetas de subside industriel ; l'une et l'autre contribution doivent avoir été payées : la première, pendant un an au moins ; la seconde, pendant deux ans. (La peseta vaut environ 1 fr.)

Le droit de vote est accordé, après deux ans de résidence, aux membres des Académies, Universités et Facultés de l'Etat, aux membres des chapitres, curés et vicaires, aux employés en activité ou à la retraite, tant de l'Etat que des provinces et municipes, sous la condition d'avoir 2,000 pesetas de solde annuelle ; aux personnes qui jouissent d'un titre ou d'un diplôme professionnel et académique ; enfin aux officiers ministériels, agents de change, professeurs et maîtres d'école.

Le nombre des députés est fixé à quatre cent quarante, dont quatre cent un pour la péninsule, vingt-quatre pour Cuba et quinze pour Puerto-Rico ; ils sont élus pour cinq ans et ne touchent pas de traitement ; tout électeur est éligible.

Le Sénat espagnol se compose de trois cent vingt membres environ, dont font partie de droit les maréchaux, les archevêques et les grands d'Espagne de première classe justifiant d'un revenu territorial de 70,000 fr. de rente.

Deux cent soixante-dix membres sont nommés, savoir : quatre-vingt-dix par le roi et cent quatre-vingts par le corps électoral, et choisis dans certaines catégories d'éligibles comprenant les plus hautes notabilités de l'armée, du clergé, de la magistrature, des académies et des corporations savantes, ainsi que les députés qui ont siégé dans plusieurs législatures.

Les sénateurs nommés par le roi sont inamovibles et à vie ; ceux élus par le corps électoral le sont pour cinq ans.

Ils doivent être âgés de trente ans au moins et ne touchent aucun traitement.

On calcule que la loi électorale nouvelle a réduit le nombre des électeurs de quatre millions à neuf cent mille, ce qui est encore un assez beau chiffre.

ANGLETERRE

En Angleterre, les députés, autrement dit membres de la Chambre des communes, sont au nombre de six cent cinquante-six, nommés par les comtés, les cités, les bourgs et les universités.

Les premiers sont appelés chevaliers de comté, ils

représentent plus particulièrement la propriété foncière; les seconds, dits citoyens ou bourgeois, sont les représentants du commerce et de l'industrie.

J'emprunte à l'ouvrage de M. de Franqueville, sur les institutions de l'Angleterre, le tableau suivant, qui indique le nombre des électeurs et celui des députés pour chacune des parties du Royaume-Uni :

		CHIFFRE de la POPULATION	NOMBRE des ÉLECTEURS	NOMBRE des DÉPUTÉS
Angleterre..	Comtés......	10.661.225	483.538	145
	Bourgs......	9.293.190	454.822	324
	Universités..			4
Pays de Galles	Comtés......	766.530	35.810	15
	Bourgs......	343.279	12.741	14
Ecosse	Comtés......	1.818.188	35.769	30
	Bourgs	1.244.106	55.448	23
Irlande.......	Comtés......		161.672	64
	Bourgs......	5.764.543	29.373	39
	Universités..			2
		28.893.061	1.269.173	660

Dans les comtés, le droit de voter appartient aux francs tenanciers possédant un revenu de 50 fr., aux copyholders dont le revenu atteint 250 fr., aux locataires ou fermiers ayant un bail de soixante ans, pour une propriété d'un rapport de 250 fr., ou de 1,250 fr. si la durée du bail est moindre de soixante ans.

En Irlande, le revenu des francs tenanciers doit être de 125 fr.; le droit d'élection appartient en outre à toute personne payant la taxe des pauvres pour des biens d'un rapport annuel de 300 fr.

Dans les cités et bourgs d'Angleterre, les tenan-
ciers.des maisons ou propriétés d'un revenu annuel
de 250 fr., et les personnes qui jouissent de certains
priviléges, tels que la franchise (*freemen*) ou la bour-
geoisie (*burgesses*), sont électeurs.

Nul n'est électeur, s'il n'est âgé de vingt-un ans
au moins.

Telles sont les conditions introduites dans la législation électorale anglaise par le bill de réforme de
1832 : ainsi qu'on le voit, les colonies n'envoient pas,
comme en France, des députés au Parlement.

La Chambre des pairs se compose de quatre cent
cinquante-neuf membres dont trente appartiennent
au haut clergé. Ses membres sont admis à siéger à
vingt-un ans, et peuvent voter par procuration.

Pour l'Angleterre, la pairie est héréditaire. L'Ecosse
est représentée par seize lords, élus pour chaque
législature par la patrie écossaise, et l'Irlande, par
vingt-huit pairs nommés à vie par les lords d'Irlande.

Le banc des évêques se recrute, non par hérédité
ou par élection, mais par l'ancienneté du titre, sans
égard au plus ou moins d'importance du siége
occupé par le titulaire.

Puisque j'ai cité l'exemple de l'Angleterre, veut-on
savoir ce qu'on y pense du dogme de la souveraineté
du peuple? Dans une séance mémorable du Parlement
anglais, M. Newdegate a dit, aux applaudissements
presqu'unanimes de la Chambre des communes :
« C'est justement parce que nous sommes libéraux,

que nous ne voulons pas exposer le trésor de la liberté à tomber entre des mains faibles et incapables : nous n'avons qu'à voir ce qui s'est passé en France depuis près d'un siècle, pour nous convaincre que les théories démocratiques de la souveraineté populaire et du suffrage universel ne mènent qu'à l'anarchie ou au despotisme. »

Cette manifestation, peu flatteuse pour nous et nos institutions, me remet en mémoire la réponse d'un Anglais devant lequel on s'étonnait que ces formidables meetings, si communs dans son pays, n'eussent jamais amené de révolutions semblables à celles qui ont si souvent, hélas ! ensanglanté Paris. C'est précisément, dit-il, le spectacle de vos révolutions qui a donné à réfléchir à nos populations, et n'a pas peu contribué à maintenir leur bon esprit, et à les préserver de semblables excès.

On peut juger, du reste, de l'opinion des Anglais sur le suffrage universel, par celle qu'émettait lord John Russell en 1821. — Le suffrage universel, disait-il, n'est propre qu'à engendrer et à nourrir des opinions violentes et une dépendance servile ; qu'à donner, dans les temps de repos, une prépondérance à la richesse ; dans les temps de trouble, un surcroît de pouvoir à d'ambitieux démagogues ; c'est le tombeau de toute liberté sage, et la source de la tyrannie et de la licence. M. Vivien, en citant ces paroles, déclare que le suffrage universel ne peut profiter ni au pays, ni à la liberté.

De fait, en Angleterre, chacun sait obéir à la loi et

la respecter, non-seulement dans les pouvoirs publics, mais même dans les agents les plus humbles de l'autorité. Là, le vieil édifice de la Constitution est resté debout, et l'on se contente de le réparer, s'il en est besoin, sans pour cela le jeter par terre ; en France, au contraire, on fait des révolutions par esprit de révolte et de bouleversement, et par fureur d'innover, non par besoin et par raison. En Angleterre, la tradition du respect s'est conservée ; chez nous, elle tend à se perdre de plus en plus ; Royer-Collard le constatait déjà tristement en 1820. En 1848, M. de Tocqueville disait à la Chambre des députés : « Les mœurs publiques s'altèrent, les mœurs privées se dépravent ; la force morale de la France se perd en Europe. » Que diraient-ils aujourd'hui devant le spectacle que nous donne une démocratie sans scrupule et sans frein, en présence des attaques incessantes dirigées contre nos institutions civiles et religieuses ?

Qu'on ne vienne pas dire que là où le suffrage universel trône en maître, la liberté est plus grande ? L'exemple de la Belgique, de la Hollande, de l'Angleterre, ces monarchies si calmes, si prospères, si solidement assises, démontre surabondamment que, dans ces pays de suffrage restreint, la liberté des citoyens est à tout prendre, mieux garantie et plus grande que chez nous et dans aucune contrée du monde. On n'y a pas à redouter la démission, la mort ou l'échéance des pouvoirs d'un président de la République, qui peuvent devenir le signal ou l'occasion de divisions ou de troubles menaçants pour la sûreté de l'Etat. C'est l'opinion qu'exprimait Chateaubriand dans le célèbre discours qu'il prononça à la Chambre des Pairs, le 7 août 1830 :

« Dans l'état de nos mœurs, disait-il, et dans nos
» rapports avec les gouvernements qui nous envi-
» ronnent, la République ne me paraît pas exécuta-
» ble. La première difficulté serait d'amener les
» Français à un vote unanime..... Avec notre fami-
» liarité naturelle, croyez-vous qu'un président,
» quelque grave, quelque respectable, quelque habile
» qu'il puisse être, soit un an à la tête des affaires
» sans être tenté de se retirer? Peu défendu par les
» lois et par les souvenirs, avili, insulté soir et ma-
» tin par des rivaux secrets et par des agents de trou-
» bles, il n'inspirera aucune confiance au commerce
» et à la propriété ; il n'aura ni la dignité convena-
» ble pour traiter avec les cabinets étrangers, ni la
» puissance nécessaire au maintion de l'ordre inté-
» rieur ; s'il use de mesures révolutionnaires, la
» République deviendra odieuse ; l'Europe inquiète
» profitera de ces divisions, les fomentera, inter-
» viendra, et l'on se trouvera de nouveau engagé
» dans des luttes effroyables. La République repré-
» sentative est peut-être l'état futur du monde,
» mais son temps n'est pas arrivé. »

L'exemple de l'Angleterre, comme celui des au-tres États de l'Europe que je viens de citer démontre donc que les législateurs de ces pays, en posant une limite et des règles à l'électorat politique, se sont surtout inspirés des principes qui, sur cette grave matière et d'autres encore, ont guidé nos grandes assemblées politiques. Ces principes, on ne saurait trop les rappeler ; ils sont en qnelque sorte résumés dans le rapport fait à l'Assemblée législative par Boissy-d'Anglas sur le projet de Constitution de 1795. Ils constituent ce que j'appelle la grande tradition de 1789.

« Nous devons, disait-il, être gouvernés par les meilleurs ; les meilleurs sont les plus instruits et les plus intéressés au maintien des lois ; or, à bien peu d'exceptions près, vous ne trouverez de pareils hommes que parmi ceux qui, possédant une propriété, sont attachés au pays qui la contient, aux lois qui la protégent, à la tranquillité qui la conserve, et qui doivent à cette propriété et à l'aisance qu'elle donne, l'éducation, qui les a rendus propres à discuter avec justesse et sagacité les avantages et les inconvénients des lois qui fixent le sort de leur patrie. L'homme sans propriété, au contraire, a besoin d'un effort constant de vertu pour s'intéresser à l'ordre qui ne lui conserve rien, et pour s'opposer aux mouvements qui lui donnent quelques espérances. Il lui faut supposer des combinaisons bien fines et bien profondes pour qu'il préfère le bien réel au bien apparent, l'intérêt de l'avenir à celui du jour.

» Si vous donnez à ces hommes sans propriété des droits politiques sans réserve, et s'ils se trouvent jamais sur les bancs des législateurs, ils exciteront ou laisseront exciter des agitations, sans en craindre l'effet ; ils établiront ou laisseront établir des taxes funestes au commerce et à l'agriculture, parce qu'ils n'en auront senti, ni redouté, ni prévu les redoutables résultats, et ils nous précipiteront enfin dans les convulsions violentes dont nous sortons à peine, et dont les douleurs se feront si longtemps sentir par toute la surface de la France.

« Un pays gouverné par les propriétaires est dans l'ordre social. Celui où les non propriétaire gouvernent est dans l'état de la nature. »

Ce sont encore ces idées et les principes qui dirigèrent les auteurs de la Constitution de 1795. «Le système que nous présentons, disait Daunou, est le perfectionnement de ce qu'avait fait l'Assemblée constituante. Elle exigeait du législateur la condition du marc d'argent; nous n'exigeons, nous, aucune autre condition que celle d'être citoyen ; mais nous imposons à l'électeur, pour répondre de la bonté de ses choix, l'obligation d'être propriétaire ou locataire d'un bien foncier évalué à deux cents journées de travail. »

La Revellière-Lépeaux ajoutait : « Si vous faites en sorte que votre législature ne soit composée que d'hommes qui n'ont rien, ils bouleverseront l'Etat et pilleront impunément le peuple, comme cela vient d'arriver. Sous le merveilleux prétexte de travailler au bonheur du peuple, ils le laisseront comme aujourd'hui sans pain et sans finances, parce qu'ils tariront toutes les sources de la production par leurs friponneries et leurs sottises. Ils feront, en un mot, ce

qu'ont fait nos derniers tyrans, qui n'avaient rien :
ils abattront l'arbre pour en manger le fruit. »

Mais, dira-t-on, le suffrage universel existe en Alle-
mage pour l'élection des membres du Reichstag? Il
existe aussi depuis longtemps aux Etats-Unis ?

Et d'abord, pour ce qui concerne l'Allemagne, on
sait que l'élection des membres du Reichstag, qui
correspond à la Chambre des communes en Angleterre ou à notre Chambre des députés, a pour base,
non pas le suffrage universel direct, mais le suffrage
à deux degrés. Tout citoyen âgé de vingt ans accomplis, ayant six mois de domicile dans la commune,
et pouvant librement disposer de sa fortune, est électeur du premier degré. Les domestiques et les indi-
gents sont exclus du scrutin.

Le corps électoral ainsi constitué se subdivise en
trois catégories : la première comprend les contri-
buables les plus imposés, acquittant le tiers des impositions de la circonscription ; la seconde est formée
des plus imposés, après les membres de la première
catégorie et représentant ensemble un tiers des contributions ; la troisième, enfin, se compose des citoyens payant le dernier tiers des impôts et ceux qui
n'en paient pas Les électeurs secondaires sont choisis par ces trois catégories, à raison d'un tiers pour
chacune d'elles, à condition qu'il y ait toutefois un
électeur secondaire pour deux cent cinquante habitants.

Ai-je besoin d'ajouter que le suffrage universel
ainsi réglementé a pour contre-poids un pouvoir

monarchique dont le respect est entré profondément dans les mœurs et les institutions nationales, une aristocratie militaire puissante, enfin, la main de fer du terrible chancelier, qui le tient en respect ?

En ce qui regarde les Etats-Unis d'Amérique, tout le monde sait que, lorsque le suffrage universel y a été établi, la république américaine comptait à peine quatre millions d'habitants disséminés sur un territoire dont la surface égale quinze fois celle de la France, et composés en majeure partie de colons et de planteurs. Il n'y avait ni cités populeuses, ni grandes agglomérations ouvrières comme on en voit aujourd'hui. Le suffrage universel pouvait donc s'y déployer sans avoir trop rien à craindre de la fraude et des intrigues qui en dénaturent si souvent le caractère. Les choses ont bien changé depuis : la population, incessamment accrue par l'émigration européenne, a plus que sextuplé ; de nouvelles et grandes villes se sont bâties ; l'industrie manufacturière a pris un développement énorme ; la nôtre en sait quelque chose. Alors on a vu peu à peu les centres populeux devenir le foyer d'une agitation qui se propage rapidement, aidée des télégraphes et des chemins de fer, et où l'argent joue bien aussi son rôle. La fraude, l'intrigue, la violence ont fini, sur beaucoup de points, par avoir raison du suffrage universel. On sait que c'est à l'occasion de l'élection d'Abraham Lincoln qu'à éclaté la guerre de sécession. Aussi commence-t-on à croire, dans la libre Amérique, que ce ne serait peut-être pas trop de la main d'un soldat

pour empêcher le retour de désordres semblables ;
il serait même question déjà de rappeler le général
Grant aux fonctions de la présidence à l'expiration
des pouvoirs du président actuel.

On ne saurait, d'ailleurs, assimiler la France aux
Etats-Unis. Dans la république américaine, chacun
des trente-sept Etats qui la composent a son Parlement propre, et se gouverne lui-même pour ce qui
touche à ses lois et à son administration intérieure.
Il n'y a de réservées au Congrès fédéral que les
questions générales qui intéressent la communauté
toute entière, et qui ont pour objet les relations ex-
térieures, l'armée, la marine, les douanes, les traités
d'alliance et de commerce. Le siége du gouvernement est à Washington, petite ville située loin du
centre agité de New-Yorck. En France, pays le plus
centralisé de l'Europe, le siége du gouvernement a
toujours été à Paris, dont la population très-mêlée
s'accroît incessamment ; c'est toujours Paris qui fait
les révolutions ; la province les accepte ou les subit.
Aux Etats-Unis, un Etat qui tenterait d'empiéter
sur la souveraineté des autres trouverait à l'instant
dans chacun d'eux un centre de résistance contre
lequel il viendrait se briser. Là il n'y a pas de factions qui se disputent le pouvoir au nom de tel ou
tel principe : la forme, comme le principe du gouvernement, sont universellement acceptés et recon-
nus ; il est loin d'en être de même en France. Pour
peu qu'on ajoute à cela la différence de race et de
tempérament, on peut voir qu'il n'y a aucune assi-

milation à établir entre la France et les Etats-Unis d'Amérique.

Je sais bien que les partisans de la souveraineté du nombre essaient d'étayer leur doctrine sur le principe d'égalité inscrit en tête de nos Constitutions. On a beaucoup abusé et on abusera encore longtemps de ce mot. La Révolution de 1789 avait eu surtout pour but de faire disparaître les inégalités de toute sorte, que les lois et les coutumes avaient laissé subsister entre les divers classes de citoyens ; c'est pour cela que l'Assemble constituante proclama le principe d'égalité, aussi bien que ceux de fraternité et de liberté. Mais elle n'avait évidemment en vue que l'égalité civile, puisqu'en même temps elle réglementait tout ce qui touche à l'exercice des droits politiques, et soumettait l'électorat à certaines conditions qu'elle jugeait nécessaires pour le maintien de la tranquillité publique et de l'ordre social. La principale était le cens contributif qu'elle exigeait, non-seulement de l'électeur appelé à nommer les représentants du peuple, mais encore des citoyens même qui devaient choisir cet électeur. Si, dans l'intérêt de la famille, le législateur s'est attaché à réglementer la liberté civile, car l'homme naît trop méchant, a dit M. de Maistre, pour qu'on puisse la lui laisser tout entière, à plus forte raison la liberté politique doit-elle être réglementée, dans l'intérêt de la société.

Quoi qu'on fasse, on est obligé de reconnaître que l'inégalité est la loi de la nature ; chaque individu

naît avec une certaine somme de qualités et d'imperfections, soit morales, soit physiques, qui font de
lui un être complétement dissemblable des autres (1) ; cette différence doit nécessairement se reproduire dans l'état social, où la place de chacun
dépend, non-seulement des imperfections et des qualités qui lui sont propres, mais aussi du hasard de
sa naissance, et d'événements ou d'accidents indé-
pendants de sa volonté.

« L'égalité civile, disait Boissy-d'Anglas dans son
» rapport sur la Constitution de 1795, voilà tout ce
» que l'homme raisonnable peut exiger ; l'égalité
» absolue est une chimère ; pour qu'elle pût exister,
» il faudrait qu'il existât une égalité entière dans
» l'esprit, la vertu, la force physique, l'éducation de
» tous les hommes. »

En réalité, l'humanité est soumise à la loi inexora-
ble de l'inégalité, loi contre laquelle viendront toujours se briser les utopies de quelques sectaires fanatiques et de prétendus réformateurs, auxquels on
serait toujours tenté de dire : — Commencez donc
par vous réformer vous-mêmes ! — La religion seule
peut, dans une certaine mesure, par sa doctrine, ses
institutions et son esprit de charité, atténuer l'effet
de cette inégalité, la rendre plus supportable à ceux

---

(1) Plutarque dit qu'il ne trouve point si grande distance
de beste à beste, comme il trouve d'homme à homme.... J'en-
chérirais volontiers sur Plutarque, et dirais qu'il y a plus de
de distance de tel à tel homme qu'il n'y a de tel homme à
telle beste. (MONTAIGNE, *Essais*, liv. I, chap. XLIII.)

que le hasard a le moins favorisés : elle a toujours été considérée comme la base essentielle et la sauvegarde nécessaire de toute société. Sur ce point, tous les publicistes anciens ou modernes sont d'accord. Voltaire lui-même n'admettait pas qu'une société d'athées pût subsister. Là, où le sentiment du respect qui se lie à celui du devoir s'efface, là, où l'élément religieux disparaît, on peut dire hardiment que la décadence et la ruine sont proches. Aussi n'est-ce pas pitié que de voir ces matamores de la presse et du Parlement, traînant à leur suite un troupeau de fanatiques et d'imbéciles, faire publiquement profession de foi de matérialisme et d'othéisme et s'évertuer à combattre le sentiment religieux dans l'esprit des populations. 93 se trouve ainsi dépassé ; au moins faisait-il à l'Être suprême l'honneur de le reconnaître, et inscrivait-il son nom en tête de la Constitution ? Robespierre lui-même allait plus loin, en déclarant (séance de la Convention du 7 mai 1794) que l'idée de Dieu et de l'immortalité de l'âme est un rappel continuel à la justice ; qu'elle est, par cela même, sociale et républicaine.

Dans la même séance, Couthon interpelle vivement les prédicants d'athéisme et de matérialisme, qu'il dénonce comme traîtres à la nation : « Ils sa-
» vaient bien, s'écrie-t-il, que le moyen le plus sûr
» de tuer la Révolution était d'enlever aux hommes
» toute idée d'une vie future, et de les désespérer
» par celle du néant. Ils voulaient faire du peuple
» français un peuple de brigands, pour qu'il devînt

» ensuite un peuple d'esclaves. Et ce devait être l'ef-
» fet naturel de l'athéisme, qui dessèche le cœur,
» énerve toutes les facultés de l'âme, étouffe, dans
» le général des hommes, tout sentiment de généro-
» sité, de justice, de vertu et d'énergie. »

Depuis lors le jacobinisme, sous ses différents as-
pects, libre-penseur, matérialiste, franc-maçon, n'a
cessé d'être en progrès, à ce point qu'il est fortement question, dans les hautes sphères gouverne-
mentales, de supprimer l'enseignement religieux
dans les lycées et les colléges. On le remplacera sans
doute par un code de morale laïque et obligatoire à
l'usage de la jeunesse française, pour lui infuser les
pures doctrines du radicalisme. Si l'on entre dans
cette voie, et qu'on veuille être logique jusqu'au
bout, on ne devra pas hésiter à réaliser le vœu de ce
montagnard qui demandait à la Convention que l'on
expurgeât tous les classiques mis entre les mains des
écoliers, pour en éliminer le mot Dieu, et tous les
passages ayant trait à la Providence divine. L'idée
avait du bon, et puisque nous devons avoir aussi
notre *kulturkampf*, je ne doute pas M. le ministre de
l'instruction publique n'en fasse son profit.

Du reste, on peut dire de nos radicaux ce que l'on
disait, en 1814, des vétérans de l'émigration : Ils n'ont
rien appris, ni rien oublié. En matière de gouvernement, ils en sont encore aux théories de Robespierre,
de Saint-Just, de Hérault de Séchelles, qui forment
a basé de leur évangile politique. Ceux-ci, franche-
ment imbus des doctrines du contrat social de J.-J.

Rousseau, dont s'était éprise la philosophie du dix-huitième siècle, s'appuyaient naturellement sur cette autorité pour établir le dogme de la souveraineté de l'Etat, procédant de la souveraineté populaire. Dans ce système, l'individu disparaît dans l'Etat ; le moi s'anéantit dans la communauté ; plus de famille, plus de propriété, plus de volonté particulière. En échange, chaque individu reçoit une part de souveraineté proportionnelle au nombre d'individualités dont se compose la communauté ; son bien, il n'en a que l'usufruit ; il n'en garde que ce que l'Etat voudra bien lui laisser ; ses enfants, c'est l'Etat qui les élève et les façonne à son gré, et plus tard leur assignera leur place dans la société ; sa conscience, il doit la subordonner au culte qu'aura proclamé le suffrage universel. En résumé, la démocratie, suivant Rousseau, est un état de société admirable ; elle n'a qu'un malheur, ajoute-t-il, c'est qu'elle est impossible, et il en donne les raisons.

Cette conclusion, les disciples du maître n'ont eu garde de s'y arrêter, pas plus qu'ils n'ont voulu voir que Rousseau, qui n'aimait ni les grandes villes, ni les grands Etats, n'avait eu en vue, dans son contrat social, qu'un petit Etat à l'image de Genève, son pays, ou des anciennes républiques de la Grèce, qu'il se plaît souvent à citer. Egalement, Platon n'admettait dans son idéal de république, qu'un Etat composé de dix mille citoyens (1). Le *Contrat social*

---

(1) Dans son beau traité de la République, Cicéron, en cela

avait eu un trop grand retentissement, au milieu des idées novatrices du dix-huitième siècle, pour que les législateurs de 1793, esprits étroits et chimériques, ne tînssent pas à honneur de mettre sous l'invocation de Rousseau, le dogme de la souveraineté du peuple, doctrine commode pour les ambitieux de haut et bas étage qui, par ruse ou par surprise, à force d'intrigue et d'audace, arrivent ainsi à établir le despotisme d'un seul ou d'une faction ; c'est le peuple, dans sa souveraineté, qui les a élevés sur le pavois, c'est en son nom qu'ils commandent et qu'ils doivent être obéis ; comme les hyérophantes de l'antiquité, ils parlent au nom du peuple-dieu. Aussi Royer-Collard s'élevait-il avec force contre cette doctrine de la souveraineté du peuple. — « Faire appel à la multitude, s'écriait-il, qu'est-ce autre chose que la rendre aux factions qui la redemandent, l'enivrer d'espérances criminelles, lui promettre, peut-être, de nouvelles proscriptions et de nouvelles dépouilles ? »

---

d'accord avec Platon, estime que le gouvernement le mieux approprié à un grand Etat est, sinon la royauté, au moins un régime dans lequel se combinent les trois éléments monarchique, aristocratique et démocratique :

Ex tribus primis generibus longè prœstat, meâ sententiâ regium ; regio autem ipsi prœstabit id, quod erit æquatum et temperatum ex tribus rempublicarum modis. Placet enim esse quiddam in republicâ prœstans et regale ; esse aliud auctoritati principum partitum ac tributum ; esse quasdam res servatas judicio, volontatique multitudinis. (*De Republicâ* lib. Ier.)

Chateaubriand, dans le discours que j'ai déjà cité, protestait également contre cette doctrine. — « La souveraineté du peuple, disait-il, niaiserie de l'ancienne école, qui prouve que, sous le rapport politique, nos vieux démocrates n'ont pas fait plus de progrès que les vétérans de la royauté ; il n'y a de souveraineté absolue nulle part. La liberté ne découle pas d'un droit politique, comme on le supposait au dix-huitième siècle, elle vient du droit naturel, ce qui fait qu'elle existe dans toutes les formes de gouvernement, et qu'une monarchie peut être libre et beaucoup plus libre qu'une république. »

Lanfrey lui-même, dont l'opinion a bien quelque poids, s'adressant à un publiciste contemporain, s'exprimait ainsi : « J'ai trouvé dans vos ouvrages, monsieur, ce que j'ai cherché en vain dans la plupart des œuvres contemporaines : un accent fier et viril, une volonté généreuse et forte révoltée contre le jury de la foule imbécile, un homme, enfin. En France, il n'y a plus d'hommes ; on a systématiquement tué l'homme au profit du peuple, des masses, comme disaient nos législateurs écervelés. Puis, un beau jour, n s'est aperçu que ce peuple n'avait jamais existé qu'en projet et que ces masses étaient un troupeau, mi-partie de moutons et de tigres. C'est une triste histoire. Nous avons, monsieur, à relever l'âme humaine contre l'aveugle et brutale tyrannie des multitudes. C'est une noble tâche, etc. »

Pour peu que l'on considère avec attention le cours des événements depuis bientôt un siècle et le rôle des principaux acteurs qui y ont pris part, il est aisé de voir que la tradition jacobine, malgré quelques éclipses passagères, s'est conservée jusqu'à nos jours. Elle se manifeste clairement dans l'attitude, les actes et le langage du parti aujourd'hui maître du pouvoir. Le jacobin, tour à tour libéral, républicain, socialiste, autoritaire, sait habilement prendre tous les masques, suivant les temps et les circonstances. N'a-t-on pas vu, sous le premier Empire, se presser dans les antichambres de Napoléon bon nombre de ces fiers conventionnels qui ne s'étaient pas fait scrupule de troquer la carmagnole contre le manteau d'hermine, le bonnet phrygien contre la toque de velours. Plus tard, le second Empire, qui devait être en tout point la parodie affaiblie du premier, ne nous a-t-il pas donné le spectacle de ces fous furieux de libéralisme, de ces prétendus démocrates subitement transfigurés, venant, tout chamarrés d'or et de décorations, sinécuristes repus, se prosterner humblement devant l'idole dont ils s'étaient faits les satellites. Pour ce qui est de l'idole du jour, que chacun se montre au doigt, n'a-t-elle pas aussi ses courtisans, même ses valets, et parmi eux des rénégats de toute couleur?

On peut dire de la démocratie vraie qu'elle n'est point sujette à de telles défaillances : c'est une plante rare qui s'acclimate difficilement. Elle a de plus fières allures et reste fidèle à son principe, dont l'honnêteté, le courage et le désintéressement sont les plus sûrs gardiens. Du moment où elle en dévie, elle prend un autre nom : elle s'appelle alors la démagogie. Celle-ci a ses doctrinaires et ses illuminés ; l'esprit de secte et l'égoïsme, voilà ses mobiles. N'attendez d'elle ni sentiment élevé, ni idée généreuse, ni patriotisme dans la saine acception du mot. Envieuse et haineuse de sa nature, les supériorités, quelles qu'elles soient, l'offusquent. Elle abaisse et corrompt tout ce qu'elle touche. Sous un faux air d'amour du bien public, elle masque habilement ses convoitises : Pour les satisfaire, elle ne recule devant aucun compromis, devant aucune lâcheté : *Omnia serviliter pro dominatione.* Dans la tragi-comédie à laquelle elle nous fait assister, nous voyons figurer, comme chefs d'emploi, les mêmes hommes auxquels nos révolutions contemporaines ont donné une si triste célébrité, et à côté d'eux, comme comparses ou grandes utilités, un certain nombre de conservateurs assez naïfs pour faire le jeu de leurs adversaires et ne pas voir que la pente sur laquelle ils se laissent entraîner nous conduit inévitablement à une catastrophe, dont ils auront toute la responsabilité. Il faut que la République accomplisse toutes ses évolutions. Nous venons de passer par la phase conservatrice, personnifiée dans MM. Dufaure, de Marcère, Waddington et Léon Say, constamment tenus en échec par ce pouvoir occulte et irresponsable, qui défie toute résistance ; nous traversons en ce moment la phase radicale, qui nous conduit, si nous n'y sommes déjà, à la phase jacobine. Est-il permis d'en douter au spectacle de ces condamnés de Nouméa rapatriés, non plus en vertu

du droit de grâce, qui s'était pourtant si largement
exercé, mais en vertu d'une mesure législative
arrachée à la faiblesse des Chambres. Ce n'est plus
d'une amnistie partielle qu'il s'agit aujourd'hui,
mais d'une amnistie générale, s'étendant à tous ceux
qui, fauteurs, chefs ou soldats, sans distinction, ont
pris part à la Commune, même aux plus infimes scé-
lérats. Il ressort assez clairement des explications
données à la tribune de la Chambre des députés par
le président du conseil que l'amnistie plénière n'est
plus pour lui qu'une question d'opportunité, et l'on
peut dès actuellement prévoir le jour où le gouvernement, emboîtant le pas derrière MM. Louis
Blanc et Clémenceau, viendra mettre les Chambres
en demeure de proclamer une amnistie générale et
sans réserve. Souscriptions, panégyriques, ovations,
rien n'a manqué pour fêter le retour des incendiai-
res et des assassins de la Commune, dont on fait des
héros et des martyrs, et que bientôt le suffrage universel élèvera sur le pavois. La Convention n'avait-
elle pas décerné à Marat les honneurs du Panthéon ?
Ne s'occupe-t-on pas déjà, au lendemain des funé-
railles de M. Crémieux, dont l'Etat a dû faire les
frais, d'ériger une statue à Ledru-Rollin ? Grâce à
l'amnistie, dont MM. Ranc et Barrère ont été les premiers à bénéficier, Paris semble être en voie de
posséder bientôt une armée insurrectionnelle ren-
forcée par les révolutionnaires de tous les pays,
qui, s'il prenait fantaisie à un César de haute ou
de basse lignée de s'entourer d'une garde préto-

rienne, lui en fournira les cadres au grand complet.

La loi Ferry, qu'on se le persuade bien, n'est qu'un premier pas dans la voie des revendications dites sociales, telles qu'elles ont été formulées dans les célèbres programmes de Belleville et de Romans, et que naguère M. Louis Blanc accentuait plus fortement encore à Bordeaux, à Marseille et ailleurs, aux acclamations d'une populace en délire. On peut y voir un des symptômes de cette fièvre révolutionnaire qui mine l'organisme social de tout le continent européen. C'est la guerre déclarée aux institutions civiles et religieuses de tous les pays par l'école jacobine, en dépit de ses dénégations hypocrites. Sur les ruines de ces institutions, elle entend désormais asseoir le règne du matérialisme, qui vient, du reste, de s'affirmer avec éclat dans la personne de l'un de ses représentants les plus illustres, que l'on est allé chercher dans son laboratoire, pour en faire un sénateur. Dans cette guerre à outrance déclarée, non-seulement aux têtes couronnées, mais jusqu'à nos humbles sœurs de la charité, un sénateur, un préfet, à qui je ne veux pas faire le plaisir de le nommer, apporte surtout un entrain et une ardeur qui lui vaudront peut-être à lui aussi quelque jour, l'érection d'une statue sur une de nos places publiques, à côté de celle de Ledru-Rollin. Ne devra-t-on pas, par un sentiment d'équité et même de reconnaissance, y graver les noms de quelques-uns de nos édiles, qui ne sont pas moins dignes de passer à la postérité. Que l'on juge maintenant de tout le chemin parcouru depuis la mort de M. Thiers, sitôt oublié, et dont les principaux adeptes ont si prestement passé dans le camp de ceux qu'il combattait autrefois ! Et que nous sommes loin, hélas ! de cette république conservatrice dont il avait caressé la chimère !

Je me suis attaché, dans ce court exposé, à définir le suffrage politique tel que l'ont réglementé nos différentes Constitutions. Je l'ai suivi dans toutes ses transformations, comme dans son application, depuis 1789 jusqu'à nos jours, où il règne en maître, sans frein ni limites, intronisant dans notre droit public le principe, en vertu duquel le nombre brutal crée le droit, où, en termes encore plus précis, la force prime le droit, principe de dissolution politique et sociale qui nous condamnerait à osciller perpétuellement entre l'anarchie et le césarisme. Devant ce double péril inhérent au suffrage universel tel que nous l'appliquons, quoi qu'en puissent dire ses défenseurs les plus intéressés, ou d'ignorants déclamateurs, je n'hésite pas à dire que, pour conjurer le mal, nous n'en sommes déjà plus peut-être à chercher des demi-mesures et des palliatifs. Sachons mettre à profit l'expérience du passé et les leçons de l'histoire, Pour la France, c'est une question de vie ou de mort : il s'agit aujourd'hui pour elle d'être, ou de n'être plus.

F. T.

Paris. — Typ. Balitout, Questroy et Cᵉ, 7, rue Baillit.

www.ingramcontent.com/pod-product-compliance
Lightning Source LLC
Chambersburg PA
CBHW051610060726
47597CB00004B/1225